ZUCKERFREI

MEINE Weihnachts-bäckerei

Sweet

ZUCKERFREI

MEINE Weihnachtsbäckerei

PLÄTZCHEN, KEKSE, LEBKUCHEN UND MEHR –
GESUND BACKEN OHNE RAFFINIERTEN ZUCKER

EMF

EIN BUCH DER
EDITION MICHAEL FISCHER

Inhalt

Kuchen & Co.

Desserts

GRUNDLAGEN

GESÜNDER *backen*

Während uns eine gesunde und ausgewogene Ernährung beim Kochen von herzhaften Speisen kaum noch Probleme bereitet, fehlt uns beim Backen und bei der Herstellung von anderen Süßigkeiten häufig die Kreativität. Gerade in der Vorweihnachtszeit stehen wir meist mit Plätzchenrezepten in der Küche, die schon seit Generationen in der Familie weitergegeben wurden und die klassischerweise alle viel Weizenmehl, Zucker, Butter und Puderzucker auf der Zutatenliste haben. Dabei gibt es Möglichkeiten – sogar an Weihnachten – die Benutzung dieser Lebensmittel zu verringern oder sie gar komplett zu ersetzen. In diesem Buch finden sich Rezepte, die ohne raffinierten Zucker und Weizenmehl auskommen. Eine ausführliche Liste zum alternativen Süßen befindet sich auf S. 10/11.

WARUM ZUCKERFREI?

Kohlenhydrate setzen sich aus Zuckermolekülen zusammen und liefern dem Körper Energie – hierbei gibt es jedoch gewaltige Unterschiede. Einfachzucker, z. B. Glukose in Traubenzucker oder Fruktose in Obst, und Zweifachzucker, z. B. Saccharose in Haushaltszucker oder Laktose in Milchprodukten, bestehen aus kurzkettigen Kohlenhydraten. Neben den kurzkettigen existieren noch „gesündere", langkettige Kohlenhydrate (Vielfachzucker), wie sie etwa in Vollkornprodukten, Hülsenfrüchten und Kartoffeln zu finden sind.

Wenn Sie Kohlenhydrate zu sich nehmen, steigt Ihr Blutzucker- sowie Ihr Insulinspiegel an. Beim Verzehr von kurzkettigen Kohlenhydraten, vor allem Glukose und Saccharose, erfolgt der Blutzuckeranstieg sehr schnell. Das Hormon Insulin reagiert und schleust den Zucker in die Muskel- und Fettzellen, der Blutzucker sinkt wieder rapide ab – jedoch auf ein geringeres Niveau als vorher, und das führt oftmals zu Heißhungerattacken nach mehr Zucker. Vielleicht haben Sie auch schon bemerkt, dass es selten bei einem Stückchen Schokolade bleibt. Der hohe Insulinspiegel im Blut hemmt die Fettverbrennung im Körper: Solange der Insulinspiegel also oben ist, bleiben Ihre Fettpölsterchen unangetastet, oder vielmehr noch wird deren Aufbau begünstigt. Bei komplexeren Kohlenhydraten gelangt der Zucker langsamer ins Blut und die Insulinausschüttung fällt hingegen geringer aus.

Fazit: Indem Sie die Aufnahme kurzkettiger Kohlenhydrate reduzieren, vor allem aber raffinierten Haushaltszucker, der keinerlei Vitamine und Mineralien mehr enthält, weitgehend vom Essensplan streichen, wird ein relativ konstanter Blutzuckerspiegel angestrebt, der Sie mit einem geringeren Hungergefühl belohnt. Es gilt jedoch abzuwägen: Zwar weisen Milchprodukte kurzkettige Kohlenhydrate auf, liefern aber hochwertiges und wichtiges Protein. Obst enthält viel Fruktose – Beeren und Zitrusfrüchte jedoch deutlich weniger –, dafür stecken viele Vitamine und Spurenelemente darin, weshalb der Verzehr empfohlen wird.

ZUCKERERSATZ
und alternatives Süßen

Süßes Gebäck ohne Zucker und mit weniger Kohlenhydraten – hat davon nicht schon jeder einmal geträumt? Zum Glück wird das mit folgenden Zutaten zur Wirklichkeit. Doch sollten Sie hier – wie auch sonst im Leben – nicht übertreiben. Denn in größeren Mengen verzehrt, können alle Zuckeraustauschstoffe und Süßstoffe abführend wirken.

BIRKENZUCKER (XYLIT)

ist dem Haushaltszucker im Aussehen sogar sehr ähnlich, nur viel gesünder. Er zählt zu den Zuckeraustauschstoffen und wird aus natürlichen Rohstoffen gewonnen. Birkenzucker wird in einem aufwendigen Verfahren aus Baumteilen hergestellt. Er ist fast genauso süß wie normaler Zucker, hat aber nur etwa halb so viele Kalorien. Er gelangt langsamer ins Blut, sodass der Blutzucker- und Insulinspiegel weniger ansteigen, und ist kaum säurebildend, was gut für die Zähne ist. Ein großer Pluspunkt ist, dass normaler Zucker 1:1 mit Birkenzucker ersetzt werden kann und dadurch das umständliche Umrechnen entfällt. Bei manchen Menschen kann er jedoch Magenprobleme verursachen; man sollte sich daher langsam an diese Zuckeralternative gewöhnen.

GETROCKNETE DATTELN

sind eine weitere, sehr natürliche Weise zu süßen. Entweder man nimmt sie direkt im Ganzen und verarbeitet sie zu einer süßen, klebrigen Paste, die sich toll als Füllung oder Ähnliches verwenden lässt, oder man verwendet die Produkte Dattelsüße (getrocknete, gemahlene Datteln) und Dattelsirup, wenn sie ähnlich wie Zucker eingesetzt werden sollen. Denn trotz des hohen Zucker- und Kaloriengehalts haben Datteln viele Nährstoffe, u. a. Kalium, Kalzium und Magnesium.

KOKOSBLÜTENZUCKER UND -SIRUP

zählen ebenfalls zu den „gesunden" Zuckerarten, da sie wenig freie Fruktose und dafür viele Mineralien beinhalten. Der glykämische Index ist hier niedrig, was bedeutet, dass der Insulinspiegel weniger stark ansteigt. Kokosblütenzucker und -sirup werden aus dem frischen Saft der Kokosblüte gewonnen und gehören zu den nachhaltigsten Zuckerarten weltweit. Diese Zuckersorte schmeckt nicht gerade sehr nach Kokos, sondern hat stattdessen eine angenehm karamellige Note.

STEVIA-STREUSÜSSE

ist ein Mix aus Stevia und Erythrit. Diese Alternative kann eins zu eins zu Haushaltszucker verwendet werden. Manche Menschen empfinden den leicht bitteren Geschmack von Stevia als störend, andere merken diesen kaum.

STEVIA-FLÜSSIGSÜSSE

ist praktisch, wenn es nicht auf das Volumen ankommt. Daher kann die Flüssigsüße gut bei Getränken, Konfitüre & Co. verwendet werden. Stevia zählt zu den Süßstoffen, die ohne Kalorien auskommen und eine stärkere Süßkraft als Zucker haben.

ERYTHRIT (ERYTHRITOL)

belastet das „Kalorienkonto" im Gegensatz zu Birkenzucker nicht und kommt daher ebenso regelmäßig zum Einsatz. Es hat einen leichten, kühlen Nachgeschmack und ist in der Kombination mit Kokos besonders schmeichelhaft. Mit weihnachtlichen Gewürzen vereint, wirkt es jedoch schnell fehl am Platz. Um dies zu vermeiden, kann man Erythrit und Birkenzucker als Mischung nutzen. Da es eine etwas geringere Süßkraft aufweist, werden für 100 g normalen Zucker ca. 120 g Erythrit verwendet.

WEITERE ZUCKER- UND SIRUPSORTEN

Weitere Zuckersorten, die den Haushaltszucker ersetzen können, sind die aus dem Zuckerrohrsaft entstehenden Arten Vollrohrzucker und Rohrohrzucker. Dabei sollte aber beachtet werden, dass Letzterer raffiniert und daher heller ist.

Auch Agavendicksaft, Honig und Ahornsirup eignen sich prinzipiell als Alternativen beim Backen, da diese aber einen hohen Fruktosegehalt haben, wurde in den Rezepten in diesem Buch auf sie verzichtet. Möchte man wiederum Ahornsirup und Co. in einem Rezept ersetzen, kommt Fiber Sirup zum Einsatz, der aus pflanzlicher Stärke gewonnen wird. Er ist sehr ballaststoffreich, klebrig und angenehm süß, bei geringerem Zuckergehalt.

Gewürz KUNDE

VANILLESCHOTE

Mit Vanille kann man hervorragend jede Art von Süßspeise verfeinern. Dafür nutzt man das Vanillemark, welches gewonnen wird, indem man die Schote längs aufschneidet und das Mark mit einem Messer vorsichtig herausschabt. Die Vanilleschoten kann man in ein Fläschchen geben und mit Wodka auffüllen. Nach einigen Monaten des Reifens hat man ein wundervolles Vanilleextrakt.

MUSKATNUSS, NELKEN UND ANIS

Diese drei Gewürze vervollständigen die Weihnachtsgewürz-Palette und werden vor allem in der Weihnachtsbäckerei für die typischen Gebäcksorten wie Lebkuchen oder Pfeffernüsse eingesetzt. Am besten eignen sich gemahlene Gewürze, da sie in dieser Form den Gebrauch vereinfachen.

INGWER

Nicht nur in der asiatischen Küche ist Ingwer beliebt, sondern auch in der Weihnachtsbackstube. Gemahlener Ingwer ist die Signaturzutat in Ingwerplätzchen und Lebkuchen, die im Englischen auch Ingwerbrot (Gingerbread) genannt werden.

ZIMT

… ist wahrscheinlich das typischste Weihnachtsgewürz in Europa und eignet sich in gemahlener Form hervorragend zum Backen! Zimt verfeinert jedoch nicht nur Backwaren, sondern auch Heißgetränke und sorgt für einen kleinen Energieschwung in der Winterzeit.

NÜSSE

Diverse Nüsse vervollständigen die Zutatenliste von winterlichem Gebäck und verleihen ihm ein besonderes Aroma. Meist sind sie nach Belieben auch austauschbar.

CRANBERRYS

Cranberrys eignen sich als Winterbeeren ganz hervorragend zum Backen in der Weihnachtszeit. Ihr herb-säuerlicher Geschmack verleiht den Backwaren eine besondere Note.

Gesunder Extrakick
SUPERFOOD

Cranberry, Avocado, Chia-Samen, Matchapulver, Gojibeere oder Granatapfel – sie alle können unseren Süßigkeiten den extra Kick geben, denn diese Lebensmittel haben mehr Nährstoffe als üblich! Nascht man von ihnen auch im Advent, macht man alles richtig.

NUSS-LIEBE

Wie gut, dass wir gerade in der Weihnachtszeit Nüsse wie Cashew, Haselnuss, Walnuss, Pekannuss oder Pistazie lieben, denn sie nehmen einen wichtigen Platz beim ausgewogenen Backen ein – sei es die ganze Nuss, als buttriges Mus, in gehackter Form oder gemahlen. Häufig können sie sogar Mehl oder Butter komplett ersetzen.

SUPERMANDELN

Die Mandel ist ein wahres Superfood und wirkt sich positiv auf unsere Gesundheit aus! Ihre Einnahme kann vor Diabetes, Herz-Kreislauf-Problemen und vor einem hohen Cholesterinspiegel schützen. Gut, dass wir sie auch in zig Formen zum Backen verwenden können!

SCHOKOLADE: WUNDERWAFFE ODER WEIHNACHTSSÜNDE?

Beim Durchblättern des Buches wird euch auffallen: An Schokolade und Kakao wird nicht gespart. Denn was wäre auch Weihnachten ohne ein paar Pralinchen?

Schokolade ist umstritten, aber der Zartbitter-Variante wird nachgesagt, sich positiv auf Herz und Hirn auszuwirken. Und noch eine Eigenschaft kennen wir alle: Schokolade macht glücklich. Übrigens: Rohkakaopulver und Kakaonibs zählen dank ihrer positiven Eigenschaften sogar zu den Superfoods.

EIN BISSCHEN WEIHNACHTSWÜRZE AM SCHLUSS

Um jetzt noch eine Prise Weihnachtsgefühl ins Gebäck zu zaubern, muss man nur einmal kurz in den Gewürzschrank greifen. Weihnachten lebt durch Gewürze wie Zimt, Ingwer oder Vanille, und Mischungen wie Lebkuchen- oder Spekulatiusgewürz sind uns allen nur allzu bekannt. Man gebe noch ein wenig Orangenschale dazu und verstecke die ein oder andere Birne in den Rezepten und schon freut man sich auf die Weihnachtszeit und alles, was sie kulinarisch zu bieten hat. Hoch die Schneebesen und ran an die Öfen!

Back TIPPS

★ Sollten Sie sich mit diesem Buch zum ersten Mal an zuckerfreie Gebäcke wagen – bitte stellen Sie sich darauf ein, dass diese womöglich etwas anders schmecken werden, als Sie normalerweise gewöhnt sind. Denn wenn wir die klassischen Zuckersorten (und auch diverse andere Zutaten) ersetzen, verändert sich natürlich auch das Ergebnis.

★ Plätzchenteig zu Rollen zu formen, kann bei Rezepten mit Mehl- und Zuckeralternativen schnell zur Herausforderung werden, wenn wir wie gewohnt viel Druck ausüben. Damit die Rollen nicht zerbrechen, sollten Sie mit möglichst viel Gefühl und mit nur wenig Druck an die Sache herangehen.

★ Da sich Erythrit und Birkenzucker nicht so gut lösen, ist es hilfreich, beide vor der Verarbeitung im Mixer zu Puder zu mahlen. Auf Vorrat lässt dieser sich allerdings leider nicht optimal vorbereiten, da er schnell verklumpt. Man kann auch fertigen Erythrit-Puderzucker kaufen, jedoch ist die DIY-Version deutlich feiner und günstiger.

★ Mandelmehl, Proteinpulver und Co. weisen herstellerabhängige Unterschiede auf. Damit binden sie mal mehr und mal weniger Flüssigkeit. Mit einem kleinen Schluck Milch bekommt man trockene Teige formbarer. Sollte der Teig zu weich werden, können Sie einfach etwas Mandelmehl hinzufügen.

★ Damit sich die Zutaten möglichst gut verbinden, sollten Eier, Butter und Milchprodukte bei Zimmertemperatur verarbeitet werden. Nur bei Mürbeteig sollte die Butter kühlschrankkalt sein.

KÜCHEN *Helfer*

NUDELHOLZ

Das gute alte Nudelholz – ein unentbehrlicher Helfer beim Plätzchenbacken. Auch Edelstahl-Nudelhölzer eignen sich gut, denn daran bleibt der Teig nicht so sehr kleben, und sie sind schön schwer. Das hilft beim Ausrollen des Teigs. Auch Kunststoff-Ausrollstäbe sind zu empfehlen. Beide Varianten sind sehr gut zu reinigen.

AUSSTECHFORMEN

Die in diesem Buch verwendeten Formen sind als Idee zu sehen. Hier können nach Herzenslust eigene Lieblingsformen verwendet werden. Anstatt runder Ausstecher kann auch ein Glas zur Hilfe genommen werden. Dafür den Rand zwischendurch in Mehl tauchen.

AUSROLLHÖLZER

Ausrollhölzer sind eine wunderbare Hilfe, damit Kekse eine gleichmäßige Stärke erhalten und somit beim Backen gleichzeitig fertig sind.

KÜCHENWAAGE

Digitale Waagen liefern die exaktesten Angaben. Dies ist vor allem bei Macarons und Co. hilfreich, da es hierbei auf jedes Gramm ankommt. Bei allen anderen Rezepten kann auch mit einer normalen Waage gearbeitet werden.

SPRITZBEUTEL UND TÜLLEN

Zum Verzieren von Keksen benötigt man einen Spritzbeutel sowie Tüllen in unterschiedlichen Größen. Für Konturen empfehlen sich Tüllen der Größe 1 und 2, zum Ausfüllen Tüllen der Größe 5. Eine französische Tülle ist sehr hübsch für formschöne Baisers. Für Schokoladenglasuren eignen sich am besten Einweg-Spritzbeutel.

SILIKON-AUSROLLSTAB

Wenn man Fondant ausrollen möchte, gelingt dies am besten auf einer Silikonmatte mit einem Silikon-Ausrollstab. Dank der Antihaftbeschichtung klappt das Ausrollen problemlos, ohne dass Fondant, Marzipan & Co. daran hängen bleiben. Der Ausrollstab kann auch wunderbar zum Teigausrollen verwendet werden.

WEITERE HELFER ERLEICHTERN DAS BACKGLÜCK

Backblech und Backpapier, eine Rührschüssel, ein Handrührgerät mit Knethaken und Rührbesen, ein kleines Messer zum Ausschneiden von Keksformen, ein Küchenthermometer, ein Kurzzeitwecker sowie ein kleiner Spatel oder Zahnstocher zum Glattstreichen von Royal Icing.

REZEPTE

COCOA CRINKLE Cookies

ZUTATEN

FÜR 40 STÜCK

- 250 g Dinkelvollkornmehl
- 2 ½ TL Backpulver
- Salz
- 200 g Apfelmus
- 150 g Vollrohrzucker
- 60 g Backkakao
- 80 g Kokosöl
- 2 EL Kakao-Nibs
- 50 g Erythrit-Puderzucker

ZUBEREITUNG

1. Das Mehl mit dem Backpulver und 1 Prise Salz vermischen und beiseitestellen. Das Apfelmus in einer Schüssel mit 100 g Vollrohrzucker und dem Backkakao verrühren, das Kokosöl dazugeben und die Kakao-Nibs unterheben. Dann mit der Mehlmischung zu einem glatten Teig verarbeiten. In Frischhaltefolie wickeln und für mindestens 4 Stunden kaltstellen.

2. Den Ofen auf 180 °C (Ober-/Unterhitze) vorheizen. 50 g Vollrohrzucker und den Puderzucker in zwei separate Schalen füllen. Den Teig aus dem Kühlschrank holen und aus ihm walnussgroße Kugeln formen. Diese erst in dem Vollrohrzucker, dann im Puderzucker wälzen. Auf ein mit Backpapier belegtes Backblech legen und auf der mittleren Schiene 10 Minuten backen. Die Cookies sollten noch schön saftig innen sein.

MARZIPAN-PISTAZIEN Quadrate

ZUTATEN

FÜR 50 STÜCK

Für den Teig

- 30 g Birkenzucker
- 30 g Erythrit
- 75 g Butter
- 1 Ei (Größe M)
- 50 g Sojamehl
- 70 g Mandelmehl

Für die Füllung

- 80 g Pistazienkerne
- 200 g gemahlene Mandeln
- 50 g Birkenzucker
- ½ TL Rosenwasser

ZUBEREITUNG

1. Für den Teig Birkenzucker und Erythrit im Mixer zu Puder mahlen. Mit Butter, Ei und beiden Mehlsorten verkneten. Zu einer Kugel formen, in Frischhaltefolie wickeln oder in einen wiederverschließbaren Gefrierbeutel legen und 1 Stunde kühl stellen.

2. In der Zwischenzeit die Marzipanfüllung herstellen. Dafür Pistazien im Mixer fein mahlen. Mit den Mandeln mischen und mit Birkenzucker, Rosenwasser und 8 EL kaltem Wasser verkneten, bis eine homogene Masse entsteht. Die Füllung abgedeckt 30 Minuten kühl stellen.

3. Den Mürbeteig halbieren und zwischen zwei Lagen Backpapier etwa 1 cm dick auf die gleiche Größe ausrollen. Die Marzipanfüllung ebenso ausrollen. Dann die Marzipanfüllung zwischen die beiden Mürbeteigplatten legen und mit dem Nudelholz kurz darüberrollen.

4. Den Ofen auf 160 °C (Umluft) vorheizen. Teig in 2,5 x 2,5 cm große Quadrate schneiden und auf mit Backpapier ausgelegte Bleche legen. Etwa 7 Minuten backen.

FROHE WEIHNACHTEN

BUTTER Plätzchen

ZUTATEN

FÜR 30 STÜCK

- 130 g Birkenzucker
- 1 TL gemahlener Zimt
- 70 g Mandelmehl
- 30 g Sojamehl, plus etwas mehr für die Arbeitsfläche
- 30 g Proteinpulver
- 1 TL Guarkernmehl
- 100 g Butter, in Stückchen
- 1 Ei (Größe M)
- Salz

ZUBEREITUNG

1. 30 g Birkenzucker und den Zimt beiseitestellen. Alle anderen Zutaten mit kühlen Händen zu einem geschmeidigen Teig verkneten. In Frischhaltefolie wickeln und 60 Minuten kühl stellen.

2. Den Ofen auf 160 °C (Umluft) vorheizen und den Teig auf einer leicht bemehlten Arbeitsfläche oder auf Backpapier ausrollen. Gewünschte Formen ausstechen und mit etwas Abstand auf ein mit Backpapier ausgelegtes Blech legen und Plätzchen 10–15 Minuten backen.

3. Übrigen Birkenzucker und Zimt in einer Schüssel vermischen. Die Plätzchen aus dem Ofen nehmen, etwas abkühlen lassen, dann im Mix aus Birkenzucker und Zimt wenden.

Limt STERNE

ZUTATEN

FÜR 40 STÜCK

- 200 g Birkenzucker
- 100 ml Aquafaba (Kichererbsenflüssigkeit)
- ½ gestrichener TL Weinsteinbackpulver
- 1 Vanilleschote
- 1 ½ TL gemahlener Zimt
- 350 g gemahlene Mandeln

Außerdem

- Sternausstecher

ZUBEREITUNG

1. Den Birkenzucker im Mixer zu Puderzucker mahlen. Kichererbsenflüssigkeit mit Weinsteinbackpulver vermischen und mit dem Handrührgerät aufschlagen wie Eiweiß, bis ein fester Schaum entsteht. Dann in vier Portionen den Birkenpuderzucker dazugeben. Das Resultat sollte eine zähflüssige, weiße Masse sein. 100 g in eine Tupperdose umfüllen und für die Glasur beiseitestellen.

2. Die Vanilleschote längs halbieren und das Mark auskratzen. Mit dem Zimt unter die gemahlenen Mandeln mischen.

3. Die Zuckermasse nun vorsichtig unter die Mandeln heben. Den entstandenen Teig, in Frischhaltefolie gewickelt, für mindestens 30 Minuten kühl stellen.

4. Den Ofen auf 100 °C (Umluft) vorheizen. Den Teig zwischen zwei Lagen Folie 7 mm dick ausrollen und mit einem Ausstecher Sterne ausstechen. Diese auf ein mit Backpapier ausgelegtes Backblech geben und mit einem Teelöffel die zuvor beiseitegestellte Glasur auf den Zimtsternen verteilen. Im Ofen (unten) für 15 Minuten backen.

Warm
WINTER
wishes

Tonka-Keksrolle
MIT KAKAO-NIBS

ZUTATEN

FÜR 24 STÜCK

- 60 g Birkenzucker
- 100 g weiche Butter
- 1 Ei (Größe M)
- ½ Tonkabohne
- 125 g blanchiertes Mandelmehl
- 40 g Kakao-Nibs

ZUBEREITUNG

1. Birkenzucker im Mixer zu Puderzucker mahlen. Mit Butter cremig schlagen. Das Ei untermischen. Tonkabohne fein reiben und unterziehen. Mandelmehl portionsweise unterkneten. Teig zu einer Rolle (3 cm Durchmesser) formen, 1 Stunde kühl stellen. Kakao-Nibs auf der Arbeitsfläche verteilen und die Rolle darin wenden. Kakao-Nibs festdrücken.

2. Den Ofen auf 170 °C (Umluft) vorheizen. Die Teigrolle in etwa 1 cm dicke Scheiben schneiden und auf ein mit Backpapier belegtes Blech legen. 10–14 Minuten backen, auf einem Gitter abkühlen lassen.

TIPP

Lassen Sie Ihrer Kreativität freien Lauf und wenden Sie die Keksrolle beispielsweise in Kokosflocken.

Traum STÜCKE

ZUTATEN

FÜR 80 STÜCK

- 1 Vanilleschote
- 200 g Butter
- 120 g Mandelmehl
- 20 g Proteinpulver
- 30 g Kokosmehl
- 80 g Birkenzucker
- Salz
- 80 g Erythrit-Puderzucker

ZUBEREITUNG

1. Die Vanilleschote längs halbieren und das Mark auskratzen. Die Hälfte des Vanillemarks mit Butter, Mandelmehl, Proteinpulver, Kokosmehl, Birkenzucker und 1 Prise Salz verkneten. Teig abgedeckt 15 Minuten kühl stellen.

2. Den Ofen auf 170 °C (Umluft) vorheizen. Teig portionsweise zu einer fingerdicken Wurst ausrollen und in kleine Stücke schneiden. Auf ein mit Backpapier ausgelegtes Blech legen und 10–12 Minuten backen. Noch warm im Erythrit-Puderzucker wälzen.

TIPP

Traumstücke sind superschnell zubereitet und schmecken das ganze Jahr über zum Kaffee serviert.

HASELNUSS Makronen

ZUTATEN

FÜR 30 STÜCK

- 100 g Birkenzucker
- 50 g Erythrit
- 2 Eiweiß (Größe M)
- Salz
- 130 g gemahlene Haselnusskerne
- ½ TL gemahlener Zimt
- 30 Haselnusskerne

ZUBEREITUNG

1. Birkenzucker und Erythrit im Mixer zu Puder mahlen. Eiweiße mit 1 Prise Salz steif schlagen, Süße dabei einrieseln lassen. Gemahlene Haselnüsse und Zimt unterheben und den Teig in einen Spritzbeutel ohne Tülle oder einen Gefrierbeutel mit abgeschnittener Spitze füllen.

2. Den Ofen auf 160 °C (Umluft) vorheizen und ein Backblech mit Backpapier auslegen. Kreise auf das Backpapier spritzen und jeweils 1 Haselnuss in die Mitte setzen. Die Haselnussmakronen etwa 13 Minuten backen.

VANILLE Kipferl

ZUTATEN

FÜR 30 STÜCK

- 100 g Butter
- 1 Vanilleschote
- 25 g gehackte Mandeln
- 35 g gemahlene Mandeln
- 100 g Birkenzucker
- 50 g Mandelmehl
- 20 g Kokosmehl
- 30 g Proteinpulver
- 1 Eigelb (Größe M)
- Salz

ZUBEREITUNG

1. Die Butter in Stücke schneiden. Vanilleschote längs halbieren und das Mark auskratzen. Butter und Vanille mit den restlichen Zutaten (außer 50 g Birkenzucker) und 1 Prise Salz verkneten. In Frischhaltefolie wickeln und 60 Minuten kühl stellen.

2. Den Ofen auf 160 °C (Umluft) vorheizen. Teigstücke zu Kipferln formen und auf ein mit Backpapier ausgelegtes Backblech legen. Die Vanillekipferl etwa 10 Minuten backen.

3. Die Plätzchen kurz abkühlen lassen. In der Zwischenzeit restlichen Birkenzucker zu Puderzucker mixen. Vanillekipferl dick mit Puderzucker bestäuben.

Pinoli

ZUTATEN

FÜR 30 STÜCK

- 80 g Birkenzucker
- 100 g geschälte, gemahlene Mandeln
- 2 Eiweiß (Größe M)
- 30 g Pinienkerne

ZUBEREITUNG

1. Birkenzucker mit Mandeln mischen und im Mixer zu feinem Mehl mahlen. 1 Eiweiß zugeben und 5 Minuten kräftig unterschlagen. Dabei so viel vom zweiten Eiweiß zugeben, bis ein dicker, zähflüssiger Teig entsteht.

2. Den Ofen auf 160 °C (Umluft) vorheizen. Teig in einen Spritzbeutel mit Lochtülle füllen und mit etwas Abstand zueinander Tupfen (3 cm Durchmesser) auf ein mit Backpapier ausgelegtes Backblech spritzen. Pinoli mit je 6 Pinienkernen verzieren und etwa 20 Minuten backen.

TIPP

Bei diesem Rezept ist es sehr wichtig, die Teigzutaten lange miteinander zu verarbeiten – erst so wird die passende Konsistenz erreicht.

Pistazien MAKRONEN

ZUTATEN

FÜR 45 STÜCK

- 100 g Erythrit
- 3 Eiweiß (Größe M)
- Salz
- 1 Spritzer Zitronensaft
- 60 g Pistazienkerne
- 100 g gemahlene Mandeln
- 1 TL Johannisbrotkernmehl
- 2 TL fein abgeriebene Bio-Zitronenschale
- 35 g gehackte Pistazienkerne

Außerdem

- Spritzbeutel
- offene Sterntülle

ZUBEREITUNG

1. Erythrit zu Puderzucker mahlen. Eiweiße mit 1 Prise Salz und Zitronensaft sehr steif aufschlagen. Dabei Erythrit-Puderzucker einrieseln lassen. Pistazien mahlen, dann gemahlene Mandeln, Johannisbrotkernmehl, Zitronenschale und 25 g gehackte Pistazien unterheben.

2. Den Ofen auf 120 °C (Ober-/Unterhitze) vorheizen. Masse in einen Spritzbeutel mit offener Sterntülle füllen und 2 cm große Tupfen auf ein mit Backpapier belegtes Blech spritzen. Pistazienmakronen mit restlichen gehackten Pistazien bestreuen und 50 Minuten im Ofen trocknen lassen.

TIPP

Unbedingt luftdicht aufbewahren! Sonst verlieren die Pistazienmakronen ihre schöne grüne Farbe.

SCHOKOLADEN Hörnchen

ZUTATEN

FÜR 20 STÜCK

- 1 TL Chia-Samen
- 25 g Kokosöl
- 40 g ungesüßtes Apfelmus
- 30 g Mandelmus
- 40 g Stevia-Streusüße
- 50 g Mandelmehl
- 30 g Leinsamenmehl
- 3 TL Backkakao
- 75 g gemahlene Mandeln
- Salz
- 50 g Zartbitterschokolade (mind. 70 % Kakao)

ZUBEREITUNG

1. Chia-Samen mit 5 TL Wasser etwa 15 Minuten quellen lassen. Kokosöl schmelzen, dann mit Apfelmus, Mandelmus und Stevia-Streusüße verquirlen. Mehle, Backkakao, gemahlene Mandeln, 1 Prise Salz und gequollene Chia-Samen untermixen, bis ein homogener Teig entsteht.

2. Den Ofen auf 160 °C (Umluft) vorheizen. Mit einem Teelöffel walnussgroße Teigportionen abstechen und zu Kipferln formen. Auf ein mit Backpapier belegtes Backblech legen und etwa 10 Minuten backen.

3. Schokolade hacken und über dem heißen Wasserbad schmelzen. Hörnchen mit den Enden in die Schokolade tauchen. Auf einem Gitter abtropfen und trocknen lassen.

Haselnuss STANGEN

ZUTATEN

FÜR 44 STÜCK

- 150 g gemahlene Haselnusskerne
- 100 g braunes Mandelmehl
- 50 g Vanille-Proteinpulver
- 50 g Kokosmehl
- 100 g Birkenzucker
- 1 TL Guarkernmehl
- 1 Msp. gemahlene Nelken
- 200 g Butter
- 1 Ei (Größe M)
- 40 g Haselnussblättchen
- 40 g gehackte Haselnusskerne
- 1 Eigelb (Größe M)
- 1 EL Milch

ZUBEREITUNG

1. Haselnusskerne, Mandelmehl, Proteinpulver, Kokosmehl, Birkenzucker, Guarkernmehl und Nelken mischen. Die Butter in Stückchen und das Ei unterkneten. Teig zu einer Kugel formen, in Frischhaltefolie wickeln und 2 Stunden kühl stellen.

2. In der Zwischenzeit Haselnussblättchen und gehackte Haselnusskerne getrennt voneinander ohne Fett in einer Pfanne rösten, bis sie duften.

3. Ein Viertel vom Teig aus dem Kühlschrank holen, Rest weiterhin kühlen. Kleine Portionen mit viel Gefühl und wenig Druck zu dünnen Würsten (etwa 1 cm Durchmesser, 7 cm Länge) auf der Arbeitsfläche rollen. Nach Wunsch Enden begradigen und die Stangen auf mit Backpapier ausgelegte Bleche legen. So den kompletten Teig aufbrauchen.

4. Den Ofen auf 170 °C (Umluft) vorheizen. Eigelb mit Milch verquirlen und die Stangen damit bestreichen. Je die Hälfte mit gehackten und gehobelten Haselnusskernen bestreuen. Die Haselnussstangen etwa 8 Minuten backen.

Bethmännchen

ZUTATEN

FÜR 34 STÜCK

- 125 g Erythrit
- 2 Eiweiß (Größe M)
- Salz
- 2 EL Rosenwasser (aus der Apotheke)
- 200 g geschälte, gemahlene Mandeln
- 50 g weißes Mandelmehl
- 1 Eigelb (Größe M)
- 100 g geschälte ganze Mandeln

ZUBEREITUNG

1. Erythrit im Mixer zu Puderzucker mahlen. Eiweiße mit 1 Prise Salz steif schlagen, Erythrit-Puderzucker dabei einrieseln lassen. Rosenwasser einmischen. Gemahlene Mandeln und Mandelmehl mischen und unterheben. Haselnussgroße Kugeln aus dem Teig formen und auf mit Backpapier ausgelegte Backbleche setzen.

2. Den Ofen auf 165 °C (Umluft) vorheizen. Die Kugeln mit Eigelb bestreichen und seitlich je 3 ganze Mandeln andrücken. Dann etwa 10–12 Minuten backen.

1
2
3
4

LINZER Plätzchen

ZUTATEN

FÜR 24 STÜCK

- 70 g Butter
- 100 g Birkenzucker
- 2 Eier (Größe M)
- 100 g Mandelmehl
- 60 g Kokosmehl
- 1 TL Backpulver
- Salz
- ½ TL Johannisbrotkernmehl
- ½ TL gemahlene Tonkabohne
- ½ Glas Himbeerkonfitüre

Außerdem

- Sojamehl zum Ausrollen
- Linzer-Plätzchen-Ausstecher

ZUBEREITUNG

1. Butter schmelzen, leicht abkühlen lassen. Birkenzucker, Eier und Butter verquirlen. Die trockenen Zutaten vermischen und untermengen, bis ein homogener Teig entsteht. Zur Kugel formen und 30 Minuten kühl stellen.

2. Teig portionsweise auf ein wenig Mehl ausrollen und Plätzchen ausstechen. Bei der Hälfte der Plätzchen in der Mitte eine kleinere Form (z. B. Herz, Stern etc.) ausstechen.

3. Den Ofen auf 160 °C (Umluft) vorheizen und die Plätzchen 12–17 Minuten backen. Auf einem Kuchengitter auskühlen lassen. Die ganzen, ausgekühlten Plätzchen mit Konfitüre bestreichen und die Plätzchen mit Loch auflegen.

Merry Christmas
Merry Christmas
Merry Christmas

Heidesand

ZUTATEN

FÜR 24 STÜCK

- 125 g Butter
- 20 g Birkenzucker
- 1 EL Erythrit
- 100 g geschälte, gemahlene Mandeln
- 100 g Mandelmehl
- 10 g Proteinpulver
- 1 TL Vanilleextrakt
- Salz

ZUBEREITUNG

1. Butter in einem kleinen Topf schmelzen und bräunen, dann im Kühlschrank ganz auskühlen und erneut leicht fest werden lassen.

2. Birkenzucker und Erythrit im Mixer zu Puder mahlen, dann mit Butter aufschlagen. Mandeln, Mandelmehl, Proteinpulver, Vanilleessenz und 1 Prise Salz unterkneten. Teig zur Rolle formen und in Frischhaltefolie wickeln. 1 Stunde im Kühlschrank fest werden lassen.

3. Den Ofen auf 160 °C (Umluft) vorheizen. Die Rolle in etwa 1 cm dicke Scheiben schneiden. Diese auf mit Backpapier ausgelegte Bleche legen und etwa 8 Minuten backen. Auf einem Kuchengitter abkühlen lassen.

Kokos MAKRONEN

ZUTATEN

FÜR 48 STÜCK

- 150 g Erythrit
- 4 Eiweiß (Größe M)
- Salz
- 1 TL Zitronensaft
- 200 g Kokosraspel
- gemahlener Zimt

ZUBEREITUNG

1. Erythrit im Mixer zu Puderzucker malen. Eiweiße mit 1 Prise Salz und Zitronensaft steif aufschlagen, dabei Erythrit-Puderzucker einrieseln lassen. Zum Schluss Kokosraspel mit 1 Prise Zimt untermischen.

2. Den Ofen auf 180 °C (Ober-/Unterhitze) vorheizen. Die Teigmasse mit zwei Teelöffeln auf zwei mit Backpapier ausgelegte Backbleche setzen und etwa 12 Minuten im heißen Ofen backen.

TIPP

Wer möchte, kann die Kokosmakronen zur Hälfte in geschmolzene Zartbitterschokolade tauchen oder damit in Schlieren überziehen.

LEBKUCHEN *Plätzchen*

ZUTATEN

FÜR 20 STÜCK

Für die Lebkuchen

- 300 g Dinkelvollkornmehl
- 2 TL Backpulver
- 1 TL Natron
- 2 TL gemahlener Zimt
- 1 TL gemahlener Ingwer
- ½ TL gemahlene Muskatnuss
- ½ TL gemahlene Nelken
- Salz
- 90 g Kokosöl
- 60 g Vollrohrzucker
- 150 g Kokosblütensirup
- 1 Ei (Größe M)

Für das Royal Icing

- 250 g Birkenzucker
- 1 Eiweiß (Größe M)

ZUBEREITUNG

1. Mehl mit Backpulver, Natron, Gewürzen und ½ TL Salz vermischen und beiseitestellen. Kokosöl mit Vollrohrzucker cremig schlagen. Den Kokosblütensirup und das Ei unterrühren. Dann die trockenen Zutaten dazumischen und alles zu einem glatten Teig verkneten. In Frischhaltefolie gewickelt, für mindestens 2 Stunden im Kühlschrank ruhen lassen.

2. Den Backofen auf 180 °C (Umluft) vorheizen. Den Teig zwischen zwei Lagen Backpapier 5 mm dünn ausrollen und das obere Backpapier wieder entfernen. Mit verschiedenen Plätzchenausstechern Formen ausstechen. Die überflüssigen Teigreste entfernen, das Backpapier auf ein Backblech geben und die Kekse für 8 Minuten in den Ofen schieben. Nach dem Backen komplett auskühlen lassen.

3. Für das Royal Icing den Birkenzucker im Mixer zu Puderzucker verarbeiten. Das Eiweiß aufschlagen und nach und nach dabei den Puderzucker einrieseln lassen. Eventuell ein wenig Wasser dazugießen, bis die gewünschte Konsistenz erreicht ist.

4. Die Plätzchen nun nach Lust und Laune mit dem Icing verzieren. Sie sollten dann am besten luftdicht verschlossen gelagert werden.

TIPP

Das Icing reicht für eine größere Menge an Plätzchen!

Marmor STERNE

ZUTATEN

FÜR 50 STÜCK

- 50 g Birkenzucker
- 70 g Mandelmehl
- 30 g Sojamehl
- 70 g Proteinpulver
- 170 g Butter
- Salz
- 1 Ei (Größe M)
- 1 TL Backkakao
- ½ TL gemahlener Zimt
- 1 TL Milch

Außerdem

- Sternenausstecher in unterschiedlichen Größen

ZUBEREITUNG

1. Birkenzucker im Mixer zu Puder mahlen. Mit Mandelmehl, Sojamehl, Proteinpulver, Butter in Stückchen, 1 Prise Salz und dem Ei zu einem geschmeidigen Teig verkneten. Den Teig halbieren, dann Backkakao und Zimt in eine Hälfte unterkneten. Sollte der Teig zu fest werden, Milch zugeben. Beide Teige leicht miteinander verkneten, dann in Frischhaltefolie wickeln und 1 Stunde kühl stellen.

2. Den Ofen auf 160 °C (Umluft) vorheizen. Den Teig zwischen zwei Lagen Backpapier ausrollen und unterschiedlich große Sterne ausstechen. Diese mit etwas Abstand auf ein mit Backpapier ausgelegtes Blech legen. Restlichen Teig erneut kurz verkneten, ausrollen und ausstechen. Die Plätzchen 8–10 Minuten backen.

WALNUSS Kugeln

ZUTATEN

FÜR 20 STÜCK

- 75 g Butter
- 30 g Birkenzucker
- 30 g Erythrit
- 1 Ei (Größe M)
- 50 g Sojamehl
- 60 g Mandelmehl
- 1 TL Backpulver
- 50 g Walnusskerne
- 20 Walnusskern-hälften

ZUBEREITUNG

1. Butter mit Birkenzucker und Erythrit schaumig schlagen. Das Ei unterrühren. Die Mehle und das Backpulver portionsweise dazugeben. Walnüsse fein hacken und unterkneten.

2. Den Ofen auf 160 °C (Umluft) vorheizen. Mit den Händen pralinengroße Kugeln formen, etwas flach drücken und auf das Backblech legen. Je eine Walnusshälfte obenauf setzen und die Plätzchen 10–12 Minuten backen.

Zimtschnecken PLÄTZCHEN

ZUTATEN

FÜR 50 STÜCK

Für den Teig

- 60 g Birkenzucker
- 60 g Butter
- 30 g Doppelrahm-Frischkäse
- 2 EL Kokosöl
- 2 Eigelb (Größe M)
- 130 g Mandelmehl
- 20 g Sojamehl, plus etwas mehr für die Arbeitsfläche

Für die Füllung

- 2 EL Kokosöl
- ¼ TL gemahlener Zimt
- 2 TL Erythrit

ZUBEREITUNG

1. Birkenzucker zu Puder mahlen. Butter mit Birken-Puderzucker, Frischkäse, flüssigem Kokosöl und den Eigelben verrühren. Dann die Mehle untermixen. Den Teig anschließend 30 Minuten kühl stellen.

2. Den Teig auf einer bemehlten Arbeitsfläche auf 20 x 30 cm ausrollen, dann dünn mit flüssigem Kokosöl bestreichen. Zimt und Erythrit mischen und den Teig damit bestreuen. Längs zusammenrollen und 60 Minuten kühlen.

3. Den Ofen auf 160 °C (Umluft) vorheizen. Rolle mit einem scharfen Messer in etwa 1 cm dicke Scheiben schneiden. Mürbeteig-Zimtschnecken auf mit Backpapier belegte Bleche legen und 6–8 Minuten backen.

Kräcker

ZUTATEN

FÜR 15 STÜCK

- 1 EL Chia-Samen
- 50 g gehackte Mandeln
- 50 g geschrotete Leinsamen
- 75 g Sonnenblumenkerne
- 75 g Kürbiskerne
- 30 g Sesam
- Salz
- 2 Eigelb (Größe M)
- 1 EL Fiber Sirup

ZUBEREITUNG

1. Den Ofen auf 145 °C (Ober-/Unterhitze) vorheizen. Chia-Samen mit 6 EL Wasser vermischen und 10 Minuten ziehen lassen. Mandeln, Leinsamen, Sonnenblumenkerne, Kürbiskerne, Sesam und ½ TL Salz mischen. Chia-Samen-Gel, Eigelbe und Fiber Sirup untermischen.

2. Kreise aus je 1 EL Masse auf mit Backpapier ausgelegte Backbleche formen und 20–22 Minuten backen. Luftdicht in einer Dose aufbewahren.

TIPP

Alternativ kann die Masse auch in eine Backform gedrückt werden. Die Teigplatte direkt nach dem Backen in Stücke schneiden.

ENGELS Augen

ZUTATEN

FÜR 26 STÜCK

Für die Himbeerkonfitüre (1 Glas à 200 ml)

- 200 g TK-Himbeeren ohne Zuckerzusatz
- Stevia-Flüssigsüße
- 1,5 g Guarkernmehl

Für die Engelsaugen

- 1 Ei (Größe M)
- 50 g Birkenzucker
- 50 g Erythrit
- 200 g Erdnussmus
- 100 g gemahlene Mandeln
- 1 TL Backpulver
- 4 EL selbst gemachte Himbeerkonfitüre (siehe oben)

ZUBEREITUNG

1. Für die Konfitüre die Beeren auftauen lassen und pürieren. Mit Stevia-Flüssigsüße abschmecken, bis die gewünschte Süße erreicht ist. Guarkernmehl aufsieben und mit einem Mixer oder Handrührgerät einarbeiten. Konfitüre in ein Einmachglas füllen und im Kühlschrank aufbewahren. Innerhalb einer Woche aufbrauchen.

2. Den Ofen auf 170 °C (Umluft) vorheizen. Das Ei mit Birkenzucker und Erythrit cremig aufschlagen. Dann Erdnussmus, gemahlene Mandeln und Backpulver untermischen. Den Teig mit feuchten Händen zu kleinen Kugeln formen. Auf ein mit Backpapier ausgelegtes Blech legen und leicht flach drücken. Mit dem Ende eines Kochlöffels eine Mulde in die Mitte drücken. Die Himbeerkonfitüre in einen Spritzbeutel füllen und die Mulden damit befüllen. Die Engelsaugen 8–10 Minuten backen und auf einem Kuchengitter abkühlen lassen.

MERRY
CHRISTMAS

Chocolate Chip COOKIES

ZUTATEN

FÜR 16 STÜCK

- 160 g glutenfreie Haferflocken
- ½ Vanilleschote
- ½ TL Natron
- Salz
- 85 g Kokosöl
- 50 g Vollrohrzucker
- 1 Ei (Größe M)
- 75 g Zartbitterschokolade (mind. 70 % Kakao)

ZUBEREITUNG

1. Den Backofen auf 180 °C (Ober-/Unterhitze) vorheizen. Im Mixer die Haferflocken zu Mehl verarbeiten. Die Vanilleschote längs halbieren und das Mark auskratzen. In einer Schüssel Haferflockenmehl, Vanillemark, Natron und 1 Prise Salz mischen.

2. Das Kokosöl schmelzen. Vollrohrzucker mit dem Ei schlagen und unter ständigem Rühren das flüssige Kokosöl einfließen lassen. Dann die trockenen Zutaten untermischen. Die Zartbitterschokolade fein hacken und vorsichtig unter den Teig heben. Den Teig für 30 Minuten kühl stellen. Anschließend aus der Masse 16 walnussgroße Bällchen fomen und diese auf ein mit Backpapier ausgelegtes Backblech legen. Es sollte genug Platz zwischen den Kugeln sein, da sie beim Backen aufgehen.

3. Die Cookies im Ofen 8–10 Minuten backen, je nachdem, wie saftig sie noch sein sollen. Danach komplett auskühlen lassen.

TIPP

Für den extra Superfood-Kick 2 TL Maca-Pulver zu den Haferflocken mischen. Das aus den Anden stammende Pulver der Macaknolle soll leistungssteigernd wirken und ist übrigens auch ein natürliches Aphrodisiakum.

PISTAZIEN-MATCHA Taler

ZUTATEN

FÜR 16 STÜCK

- 75 g Birkenzucker
- 100 g Butter
- ½ TL Matcha-Pulver
- 1 Ei (Größe M)
- 135 g Mandelmehl
- 35 g gehackte Pistazienkerne
- 50 g weiße Schokolade ohne raffinierten Zucker

ZUBEREITUNG

1. Birkenzucker im Mixer zu Puderzucker mahlen. Mit der Butter cremig schlagen. Matcha-Pulver dazugeben, dann das Ei untermischen. Mandelmehl und 25 g gehackte Pistazien portionsweise unterkneten. Den Teig zu einer Rolle formen, in Frischhaltefolie wickeln und 1 Stunde kühlen.

2. Den Ofen auf 170 °C (Umluft) vorheizen. Teigrolle in etwa 1 cm dicke Scheiben schneiden und auf ein mit Backpapier ausgelegtes Blech legen. 10–14 Minuten backen.

3. Weiße Schokolade hacken und bei geringer Wärmezufuhr über dem heißen Wasserbad schmelzen. Schokolade mit einem Pinsel auf die Hälfte der Taler streichen und mit den übrigen Pistazien verzieren. Auf einem Gitterrost trocknen lassen.

Sesam KONFEKT

ZUTATEN

FÜR 16 STÜCK

- 1 Vanilleschote
- 100 g Kokosblütenzucker
- ½ TL gemahlener Zimt
- 180 g ungeschälter Sesam
- 50 g Zartbitterschokolade (mind. 70 % Kakao)

ZUBEREITUNG

1. Vanilleschote längs halbieren und das Mark auskratzen. Kokosblütenzucker mit 100 ml Wasser in einen größeren, unbeschichteten Topf geben, Vanillemark und Zimt hinzufügen und alles aufkochen.

2. Sobald der Sirup kocht, den Sesam untermischen. Unter konstantem Rühren den Sesam etwa 8 Minuten im Topf karamellisieren, bis sich ein klebriges Karamell gebildet hat, das die Samen zusammenhält. Vorsicht aber, dass die Masse nicht verbrennt! Wenn die gewünschte Konsistenz erreicht ist, das Sesamkonfekt sofort auf ein Backpapier geben. Mit einem zweiten Backpapier abdecken und das noch warme Karamell 3 mm dünn ausrollen. 15 Minuten bei Zimmertemperatur vollständig abkühlen lassen.

3. Anschließend das obere Backpapier vom Karamell abziehen, mit einem großen Messer 8 Quadrate aus dem Konfekt schneiden und diese jeweils halbieren, um 16 Dreiecke zu erhalten.

4. Die Zartbitterschokolade grob hacken und über dem heißen Wasserbad schmelzen. Vom Herd nehmen und wieder etwas abkühlen lassen, bis die Schokolade eine dickflüssigere Konsistenz hat. Dann mit einem Teelöffel die Schokolade in Fäden über die Sesamecken träufeln. Sobald die Schokolade fest geworden ist, ist das Konfekt fertig!

DELICIOUS
Sesame

Lebkuchen

ZUTATEN

FÜR 22 STÜCK

Für das Orangeat und Zitronat

- 2–3 Bio-Orangen
- 2–3 Bio-Zitronen
- Salz
- 40 g Birkenzucker

Für die Lebkuchen

- 300 g gemahlene Haselnusskerne
- 1 Pck. Lebkuchengewürz
- 2 EL Backkakao
- 50 g Birkenzucker
- 3 Eier (Größe M)
- ½ EL Fiber Sirup
- 50 g Zartbitterschokolade (mind. 70 % Kakao)

ZUBEREITUNG

1. Für das Orangeat und Zitronat die Orangen und Zitronen heiß waschen, abtrocknen, die Schale dünn abschneiden (je ca. 40 g) und in kleine Stückchen schneiden. In einem Topf mit viel Wasser und 1 Prise Salz etwa 1 Stunde abgedeckt köcheln lassen. Abtropfen und mit dem Birkenzucker karamellisieren. Auf Backpapier trocknen lassen.

2. Für die Lebkuchen Haselnüsse, Gewürz, Backkakao, Birkenzucker und selbst gemachtes Orangeat sowie Zitronat mischen. Eier und Fiber Sirup unterkneten und den Teig 30 Minuten ruhen lassen.

3. Den Ofen auf 180 °C (Ober-/Unterhitze) vorheizen und ein Backblech mit Backpapier auslegen. Aus dem Teig Lebkuchen formen und auf das Backpapier legen. Diese nun 10–15 Minuten backen. Anschließend auf einem Gitterrost abkühlen lassen.

4. Die Schokolade grob hacken und über dem heißen Wasserbad schmelzen. Lebkuchen mithilfe eines Pinsels dünn mit Schokolade bestreichen und trocknen lassen.

Lebkuchen WÜRFEL

ZUTATEN

FÜR 30 STÜCK

- 50 g Birkenzucker
- 3 Eier (Größe M)
- Salz
- 50 g Butter
- 40 g gemahlene Mandeln
- 25 g gemahlene Haselnusskerne
- 25 g Kokosmehl
- ½ TL Backpulver
- 1 EL Lebkuchengewürz
- 7 EL Milch
- 1 EL Erythrit-Puderzucker

Außerdem

- Backform (20 x 20 cm)

ZUBEREITUNG

1. Birkenzucker im Mixer zu Puderzucker mahlen. Eier trennen. Eiweiße mit 1 Prise Salz steif schlagen, Puderzucker dabei einrieseln lassen. Die Butter schmelzen, dann etwas abkühlen lassen.

2. Den Ofen auf 180 °C (Ober-/Unterhitze) vorheizen. Eigelbe hellcremig aufschlagen, Butter untermischen. Mandeln, Haselnüsse, Kokosmehl, Backpulver und Gewürz mischen und abwechselnd mit der Milch unter den Eiermix rühren. Eischnee in drei Portionen unterheben. Backform mit Backpapier auslegen und den Teig einfüllen. Kuchen für etwa 15 Minuten backen. Aus dem Ofen holen und abkühlen lassen. In kleine Quadrate schneiden und mit Erythrit-Puderzucker bestäuben.

SCHOKOLADEN *Orangen*

ZUTATEN

FÜR 30 STÜCK

- 50 g Birkenzucker
- 3 Orangen
- 100 g vegane Zartbitterkuvertüre
- 1 TL Kokosöl
- 1 EL Chia-Samen
- 1 EL Kokosraspel
- 1 EL Chiliflocken

Außerdem

- Silikonbackmatte

ZUBEREITUNG

1. Den Ofen auf 80 °C (Umluft) vorheizen. Den Birkenzucker mit 100 ml Wasser aufkochen, bis er sich aufgelöst hat.

2. Die Orangen mit einem Messer schälen, sodass keine weiße Haut mehr vorhanden ist. Dann jede Orange in etwa 10 sehr dünne Scheiben schneiden. Diese, falls nötig, ein wenig abtupfen und jede Scheibe kurz in den vorbereiteten Sirup tunken. Auf einer Silikonbackmatte für 1 Stunde 30 Minuten im Ofen trocknen.

3. Die Kuvertüre fein hacken und über dem heißen Wasserbad mit dem Kokosöl schmelzen. Die getrockneten Orangenscheiben abkühlen und dann jeweils zur Hälfte in die Schokolade tunken. Auf ein Backpapier legen und jeweils ein Drittel mit Chia-Samen, ein Drittel mit Kokosraspeln und ein Drittel mit Chiliflocken bestreuen. Im Kühlschrank 30 Minuten aushärten lassen. Dann kühl und trocken lagern.

TIPP

Anstatt der Orangen lassen sich natürlich auch andere Früchte gut trocknen. Wie wäre es zum Beispiel mit Apfelchips, die anschließend mit Zimt bestreut werden?

Erdnussmus STERNE

ZUTATEN

FÜR 12 STÜCK

- 10 g Erythrit
- 30 g Erdnussmus
- 30 g Butter
- 20 g zuckerfreie Kekse (z. B. Heidesand, siehe S. 48)
- 10 g Proteinpulver
- 40 g Zartbitterschokolade (mind. 70 % Kakao)

Außerdem

- Sternen-Silikonform

ZUBEREITUNG

1. Erythrit im Mixer zu Puderzucker mahlen. Erdnussmus und Butter in einem kleinen Topf schmelzen. Kekse zerbröseln, mit Proteinpulver sowie Erythrit-Puderzucker mischen und unter die Erdnusscreme rühren. Masse in eine Sternen-Silikonform drücken und 1 Stunde frosten.

2. Die Schokolade hacken und über dem heißen Wasserbad schmelzen. Dann die Sterne etwas in die Schokolade tunken, auf einem Kuchengitter abtropfen lassen und die Schokolade fest werden lassen.

HIMBEER *Pralinen*

ZUTATEN

FÜR 16 STÜCK

- 2 EL Kokosöl
- 200 g gemahlene Mandeln
- 1 TL Backkakao
- 4 TL Stevia-Streusüße
- ½ TL gemahlener Zimt
- 4 EL Mandelmus
- gefriergetrocknete Himbeeren (Pulver)

ZUBEREITUNG

1. Zunächst das Kokosöl schmelzen. Mit Mandeln, Backkakao, Stevia-Streusüße, Zimt und Mandelmus verkneten.

2. Die Masse zu walnussgroßen Kugeln formen. Diese im Kühlschrank aufbewahren. Vor dem Servieren in gefriergetrocknetem Himbeerpulver wälzen.

TIPP

Statt in gefriergetrockneten Himbeeren gewendet zu werden, können die Pralinen auch in Schlieren mit Schokolade überzogen werden.

Dattel-Feigen HÄPPCHEN

ZUTATEN

FÜR 20 STÜCK

Für die Nuss-Schicht

- 100 g Paranusskerne
- 100 g Cashewkerne
- 140 g Kokosraspel
- 8 Soft-Datteln
- 1 EL Kokosöl
- Salz

Für die Dattel-Feigen-Schicht

- 1 Bio-Orange
- 200 g Soft-Datteln
- 100 g Soft-Feigen
- 4 EL Dattelsirup
- 1 Msp. Vanillepulver
- 1 Msp. gemahlener Zimt

ZUBEREITUNG

1. Die Paranüsse und Cashewkerne mit den Kokosraspeln und Datteln für die Nuss-Schicht im Mixer zerkleinern. Das Kokosöl und 1 Prise Salz dazugeben. Die Hälfte des Teigs zwischen zwei Lagen Backpapier auf ein Backblech geben, zu einem 15 x 20 cm großen Rechteck ausrollen und mindestens 1 Stunde kühl stellen. Die andere Hälfte bei Zimmertemperatur beiseitestellen.

2. Für die Dattel-Feigen-Schicht die Orange waschen, trocken reiben und die Schale fein abreiben. Die Zesten mit Trockenobst, Sirup, Vanille und Zimt in der Küchenmaschine zu einer Paste verarbeiten. Die Masse auf das gekühlte Nuss-Rechteck geben und gleichmäßig verstreichen.

3. Die zweite Hälfte des Nussbodens in Bröseln auf die Dattelschicht drücken. Erneut für mindestens 30 Minuten kühl stellen. Dann das Rechteck in 3 x 5 cm große Häppchen schneiden. Die Schnitten am besten kühl vernaschen.

Sweet

KIDNEYBOHNEN *Pralinen*

ZUTATEN

FÜR 13 STÜCK

- 150 g Kidneybohnen
- 2 TL Kokosöl
- 5 TL Fiber Sirup
- 5 TL Backkakao
- 1 TL gemahlener Ceylon-Zimt
- 75 g Zartbitterschokolade (mind. 70 % Kakao)
- essbares Blattgold (nach Belieben)

ZUBEREITUNG

1. Die Kidneybohnen abwaschen und 45 Minuten in einem Sieb trocknen lassen. Kokosöl schmelzen, mit Bohnen, Fiber Sirup, Kakao und Zimt in einen Mixer füllen und fein pürieren. In eine Schale füllen, abdecken und 60 Minuten abkühlen lassen. Den Mix mit feuchten Händen zu Kugeln formen und die Pralinen 1 Stunde 30 Minuten frosten.

2. Die Schokolade grob hacken und über dem heißen Wasserbad schmelzen. In ein kleines, tiefes Schälchen umfüllen. Pralinen kurz eintauchen, etwas abtropfen lassen, auf ein Kuchengitter legen und nach Wunsch direkt mit essbarem Blattgold verzieren. Schokolade fest werden lassen. Die Pralinen bis zum Verzehr im Kühlschrank aufbewahren.

Bon
Appetit

Nussecken

ZUTATEN

FÜR 24 STÜCK

Für den Boden

- 250 g Butter
- 150 g Mandelmehl
- 40 g Kokosmehl
- 75 g Birkenzucker
- 2 Eier (Größe M)

Für den Belag

- 100 g Butter
- 50 g Birkenzucker
- 100 g gemahlene Haselnusskerne
- 100 g Haselnussblättchen
- 100 g Mandelblättchen
- 40 g Zartbitterschokolade (mind. 70 % Kakao)

Außerdem

- Backform (20 x 30 cm)

ZUBEREITUNG

1. Butter in Stückchen, Mandelmehl, Kokosmehl, Birkenzucker und Eier zügig zu einem Teig verkneten. Zur Kugel formen und 30 Minuten kühl stellen.

2. Währenddessen den Belag vorbereiten. Dafür Butter mit Birkenzucker cremig schlagen. Gemahlene Haselnusskerne unterziehen. Vorsichtig die Haselnuss- und Mandelblättchen untermischen.

3. Den Ofen auf 175 °C (Umluft) vorheizen. Die Backform mit Backpapier auslegen. Erst den Teig für den Boden gleichmäßig darin ausrollen. Dann den Belag darauf verteilen und möglichst glatt verstreichen. Nussecken etwa 25 Minuten goldbraun backen.

4. Abkühlen lassen, dann in gleichmäßige Dreiecke schneiden. Schokolade hacken und über dem heißen Wasserbad schmelzen. Schokolade in Fäden über die Nussecken ziehen und diese auf Backpapier trocknen lassen.

SPEKULATIUS Cupcakes

ZUTATEN

FÜR 12 STÜCK

Für die Cupcakes

- 200 g Dinkelvollkornmehl
- 1 Pck. Backpulver
- 2 TL Spekulatiusgewürz
- 150 g Kokosöl
- 4 Eier (Größe M)
- 140 g Kokosblütenzucker
- 50 ml Mandeldrink

Für das Topping

- 260 g Frischkäse (fettreduziert)
- 70 g Kokosblütensirup
- 125 g Kokosöl
- 12 Kirschen
- 50 g geraspelte Zartbitterschokolade (mind. 70 % Kakao)

Außerdem

- 12er-Muffinform
- 12 Papierförmchen
- Spritzbeutel und Tülle

ZUBEREITUNG

1. Den Ofen auf 160 °C (Ober-/Unterhitze) vorheizen. Die Muffinform mit den Papierförmchen auskleiden. Für die Cupcakes Mehl, Backpulver und Spekulatiusgewürz vermischen und sieben.

2. Das Kokosöl in einem Topf schmelzen. In einer Schüssel die Eier mit dem Kokosblütenzucker cremig schlagen, dann nach und nach unter ständigem Rühren das geschmolzene Kokosöl einfließen lassen. Wenn alles gut vermengt ist, die Hälfte der Mehlmischung unterrühren, den Mandeldrink dazugeben und die zweite Hälfte des Mehls. Den Teig gleichmäßig auf die 12 Förmchen verteilen, sodass sie ungefähr zu drei Vierteln gefüllt sind. Die Cupcakes im heißen Ofen 20 Minuten backen.

3. In der Zwischenzeit das Topping vorbereiten. Dafür den Frischkäse mit dem Kokosblütensirup glatt rühren. Das Kokosöl schmelzen und vorsichtig unter Rühren dazugießen. Das Frosting für etwa 1 Stunde in den Kühlschrank geben und danach in einen Spritzbeutel mit Tülle nach Wahl (hier wird eine große Sterntülle verwendet) umfüllen. Die Kirschen waschen.

4. Die Cupcakes aus der Form nehmen und auf einem Kuchenrost abkühlen lassen. Dann nach Lust und Laune mit dem Frosting verzieren und zum Schluss mit den Kirschen und Schokospänen vollenden.

PEKANNUSS-AVOCADO *Brownies*

ZUTATEN

FÜR 16 STÜCKE

Für die Brownies

- 100 g Zartbitterschokolade (mind. 70 % Kakao)
- 250 g Avocado (etwa 1 ½ Avocados)
- 2 EL Backkakao
- 1 EL Kokosöl
- 2 Eier (Größe M)
- 100 g Pekannusskerne
- 50 g Kokosmehl
- ¼ TL Natron
- 1 TL Backpulver
- 40 g Birkenzucker
- 30 g Erythrit

Für das Topping

- 30 g Zartbitterschokolade (mind. 70 % Kakao)
- Pekannusskerne

Außerdem

- Backform (24 x 24 cm)

ZUBEREITUNG

1. Die Schokolade hacken und über dem heißen Wasserbad schmelzen, handwarm abkühlen lassen. Die Avocado halbieren, das Fruchtfleisch auslösen und 250 g davon abwiegen. Mit Backkakao, Kokosöl, Eiern und geschmolzener Schokolade pürieren.

2. Den Ofen auf 180 °C (Ober-/Unterhitze) vorheizen. Die Hälfte der Pekannüsse hacken, die andere im Mixer mahlen. Beides mit Kokosmehl, Natron, Backpulver, Birkenzucker und Erythrit vermischen. Unter die Avocadomasse rühren und in eine mit Backpapier ausgelegte Form füllen. Etwa 15 Minuten backen, dann auf einem Gitter abkühlen lassen.

3. Für die Deko die Schokolade hacken und über dem heißen Wasserbad schmelzen. In Schlieren über die Brownies verteilen. Die Pekannüsse grob hacken und den Kuchen damit garnieren.

SÜSSKARTOFFEL Limtschnecken

ZUTATEN

FÜR 12 SCHNECKEN

Für den Hefeteig

- 1 Süßkartoffel (ca. 300 g für 125 g Püree)
- 500 g Dinkelvollkornmehl
- 21 g frische Hefe (½ Würfel)
- 40 g Kokosblütenzucker
- 125 ml Mandeldrink
- 1 Ei (Größe M)
- 60 g weiche Butter

Für die Füllung

- 75 g Kokosöl, plus etwas mehr für die Form
- 75 g Mandel-, Walnuss- oder Pekannusskerne
- 75 g Kokosblütenzucker, plus etwas mehr für die Form
- 2 TL gemahlener Zimt
- 2 EL Kokosblütensirup (nach Belieben)

Außerdem

- ofenfeste Form, ø 20 cm

ZUBEREITUNG

1. Den Backofen auf 200 °C (Ober-/Unterhitze) vorheizen und die Süßkartoffel im Ganzen 45 Minuten backen, bis sie weich ist. Halbieren, das noch heiße Fruchtfleisch herausschaben und mit einer Gabel zerdrücken. In eine große Schüssel füllen und das Dinkelmehl dazugeben.

2. Die Hefe in eine Schale zerbröckeln, den Zucker darübergeben und 15 Minuten gehen lassen. Mandeldrink lauwarm erhitzen und mit der Süßkartoffel-Mehl-Mischung ebenfalls in die Schüssel geben, das Ei untermischen und die Butter hinzufügen. Durchkneten, bis ein elastischer Teig entstanden ist. Diesen zugedeckt 1 Stunde gehen lassen.

3. Für die Füllung das Kokosöl schmelzen. Die Nüsse fein hacken und mit dem Kokosblütenzucker und Zimt mischen. Den Ofen auf 180 °C (Ober-/Unterhitze) vorheizen. Die Form einfetten und mit ein wenig Kokosblütenzucker ausstreuen.

4. Den aufgegangenen Teig auf der bemehlten Arbeitsplatte zu einem 30 x 40 cm großen Rechteck ausrollen. Mit dem Kokosöl die gesamte Fläche einpinseln, dann gleichmäßig die Zimt-Zucker-Nuss Mischung darüberstreuen. Den Teig von der Längsseite her eng aufrollen. Mit einem scharfen Messer in 12 gleich große Stücke schneiden und diese nebeneinander, mit der Schnittseite nach oben in die Form legen. Erneut 30 Minuten gehen lassen. Dann im Ofen 25 Minuten backen.

5. Wer mag, kann die Schnecken jetzt noch mit extra Kokosblütensirup beträufeln.

Cinnamon Rolls

Cranberry KUCHEN

ZUTATEN

FÜR 16 STÜCKE

- 75 ml Sonnenblumenöl, plus etwas mehr für die Form
- 30 g Mandelmehl, plus etwas mehr für die Form
- 3 Eier (Größe M)
- 120 g Birkenzucker
- 100 g Joghurt
- 25 g Vanille-Proteinpulver
- 70 g gemahlene Haselnusskerne
- ½ Pck. Backpulver
- 30 g Cranberrys (aufgetaut oder frisch)

Außerdem

- Briocheform
- Erythrit-Puderzucker zum Bestäuben

ZUBEREITUNG

1. Die Briocheform fetten und mit etwas Mandelmehl ausstäuben. Den Ofen auf 160 °C (Umluft) vorheizen.

2. Eier trennen. Eiweiße mit der Hälfte des Birkenzuckers steif schlagen. Eigelbe mit dem restlichen Birkenzucker cremig aufschlagen. Sonnenblumenöl und Joghurt untermischen. Mandelmehl, Proteinpulver, Haselnüsse und Backpulver mischen. Unter die Eigelbcreme mischen, danach die Cranberrys und zuletzt den Eischnee unterheben.

3. Teig in die Form füllen und den Kuchen etwa 40 Minuten backen. Abkühlen lassen und vor dem Servieren noch mit Erythrit-Puderzucker bestäuben.

TIPP

Der Kuchen lässt sich natürlich auch in einer normalen Springform zubereiten.

MANDEL Tarte

ZUTATEN

FÜR 16 STÜCK

Für den Mürbeteig

- 100 g Mandelmehl
- 100 g gemahlene Mandeln
- 60 g Kokosmehl
- 1 TL Guarkernmehl
- 20 g Leinsamenmehl
- 30 g Erythrit-Puderzucker
- 40 g Birkenzucker-Puderzucker
- 180 g Butter
- 2 EL Joghurt
- Salz

Für die Füllung

- 50 g Birkenzucker
- 25 g Erythrit
- 100 g Butter
- 2 Eier (Größe M)
- 2 EL Mandelmehl
- 50 g gemahlene Mandeln
- 40 g Mandelblättchen

ZUBEREITUNG

1. Alle Zutaten für den Mürbeteig und 1 Prise Salz mit dem Handrührgerät grob verkneten. Mit den Händen zu einer homogenen Teigkugel verkneten und formen. In Frischhaltefolie wickeln und 30 Minuten im Kühlschrank ruhen lassen.

2. Für die Füllung Birkenzucker und Erythrit im Mixer zu Puderzucker mahlen. Mit der zimmerwarmen Butter cremig schlagen. Eier einzeln unterrühren. Mandelmehl und gemahlene Mandeln untermischen.

3. Den Ofen auf 160 °C (Umluft) vorheizen. Den Boden der Tarteform mit Backpapier auslegen. Kleine Teigstücke ablösen und in die Form drücken, dabei einen Rand hochziehen. Den Tarteboden 5 Minuten vorbacken.

4. In der Zwischenzeit Mandelblättchen ohne Fett in einer Pfanne rösten. Den Tarteboden aus dem Ofen holen, Mandelcreme einfüllen und glatt streichen. Mandelblättchen auf der Creme verteilen. Tarte weitere 20 Minuten backen.

Zimt-Donuts
MIT SCHOKOGLASUR

ZUTATEN

FÜR 20 STÜCK

- 100 g Birkenzucker
- 125 g Butter, plus etwas mehr für die Form
- 3 Eier (Größe M)
- 70 g Mandelmehl, plus etwas mehr für die Form
- 20 g Proteinpulver
- 1 TL Backpulver
- Salz
- 100 g Zartbitterschokolade (mind. 70 % Kakao)
- 2 EL Kakao-Nibs

Außerdem

- Donut-Backform
- Spritzbeutel

ZUBEREITUNG

1. Birkenzucker im Mixer zu Puderzucker mahlen. Mit Butter cremig schlagen und die Eier einzeln unterrühren.

2. Den Ofen auf 180 °C (Ober-/Unterhitze) vorheizen. Ein Donut-Backblech fetten und mit Mandelmehl ausstäuben.

3. Mandelmehl, Proteinpulver, Backpulver und 1 Prise Salz mischen. Unter den Eiermix rühren. Den Teig in einen Spritzbeutel mit großer Lochtülle füllen und in die Mulden verteilen. Etwa 15 Minuten backen. Aus dem Ofen nehmen, aus der Form stülpen und abkühlen lassen. Form waschen, trocknen, erneut fetten sowie mit Mandelmehl ausstäuben und restliche Donuts ausbacken.

4. Die Schokolade hacken und über dem heißen Wasserbad schmelzen. Donuts in die Schokolade tauchen und mit Kakao-Nibs bestreuen. Trocknen lassen.

DRIED-FRUIT *Muffins*

ZUTATEN

FÜR 12 STÜCK

Für die Muffins

- 4 Eier (Größe M)
- 75 g Birkenzucker
- 100 g Butter
- 2 Äpfel
- 200 g Erdmandeln
- ½ TL Natron
- 1 TL Christstollengewürz
- 5 Soft-Pflaumen
- 5 Soft-Aprikosen
- 40 g getrocknete Cranberrys

Für die Deko

- etwas Magerquark (nach Belieben)
- 12 Soft-Aprikosen (nach Belieben)

Außerdem

- 12er-Muffinform
- 12 Papierförmchen
- Sternenausstecher

ZUBEREITUNG

1. Den Backofen auf 170 °C (Ober-/Unterhitze) vorheizen. Eine Muffinform mit Papierförmchen auskleiden. Eier trennen und das Eiweiß steif schlagen. Die Eigelbe mit dem Birkenzucker cremig verrühren. Die Butter schmelzen und anschließend unter Rühren dazugießen. Äpfel waschen, vierteln, das Kerngehäuse entfernen und die Äpfel reiben. Anschließend trocken tupfen und dazugeben.

2. Die Erdmandeln mit dem Natron und dem Christstollengewürz vermischen und ebenfalls unter die anderen Zutaten rühren. Jetzt vorsichtig das Eiweiß unterheben. Die Trockenfrüchte fein hacken und zur Muffin-Mischung geben.

3. Den Teig gleichmäßig auf die 12 Förmchen verteilen, sodass sie zu drei Vierteln gefüllt sind. Die Muffins im Ofen 20 Minuten backen und danach abkühlen lassen. Wer mag, kann sie mit einem Tupfer Magerquark servieren und mit ausgestochenen Aprikosen-Sternen verzieren.

Weihnachts RAUTEN

ZUTATEN

FÜR 40 STÜCK

- 350 g Zartbitterschokolade (mind. 70 % Kakao)
- 250 g Birkenzucker
- 250 g Butter
- 6 Eier (Größe M)
- 250 g gemahlene Mandeln
- 40 g Mandelmehl
- 1 EL Proteinpulver
- 1 EL Backkakao
- 2 EL Mandelblättchen

Außerdem

- Backform (20 x 40 cm)

ZUBEREITUNG

1. 250 g Schokolade hacken und über dem heißen Wasserbad schmelzen. Handwarm abkühlen lassen. Birkenzucker im Mixer zu Puderzucker mahlen. Mit Butter cremig aufschlagen. Eier einzeln unterrühren. Den Ofen auf 180 °C (Ober-/Unterhitze) vorheizen.

2. Die Schokolade untermischen. Gemahlene Mandeln, Mandelmehl, Proteinpulver und Backkakao mischen und unterrühren. Den Teig in die Backform streichen und etwa 20 Minuten backen, dann auf einem Gitter abkühlen lassen.

3. Restliche Schokolade hacken und über dem heißen Wasserbad schmelzen. Kuchen aus der Form lösen und mit der Schokolade bestreichen. Mandelblättchen in einer Pfanne ohne Fett rösten, danach auf der Schokolade verteilen. Die Schokolade fest werden lassen und anschließend den Kuchen in Rauten schneiden.

FONDANT AU *Chocolat*

ZUTATEN

FÜR 4 PORTIONEN

- 50 g Kokosöl, plus etwas mehr für die Förmchen
- 100 g Zartbitterschokolade (mind. 65 % Kakao)
- 50 g Mandelmus
- 3 Eier (Größe M)
- 40 g Vollrohrzucker
- gemahlene Vanille
- Salz
- 50 g gemahlene Mandeln

Außerdem

- 4 ofenfeste Förmchen

ZUBEREITUNG

1. Den Backofen auf 200 °C (Ober-/Unterhitze) vorheizen. Die Förmchen mit etwas Kokosöl einfetten. Die Zartbitterschokolade grob hacken und über dem heißen Wasserbad zusammen mit dem Kokosöl und dem Mandelmus langsam schmelzen. Die Eier mit dem Zucker sowie je 1 Prise Vanille und Salz vermischen. Die Schokoladenmischung langsam unter ständigem Rühren zu den Eiern gießen. Als Letztes die gemahlenen Mandeln unterheben.

2. Den Teig gleichmäßig auf die Formen verteilen. Im Ofen (Mitte) etwa 10–12 Minuten backen. Die Backzeit variiert je nach Förmchengröße. Die Schokoladenküchlein sollten letztendlich von außen knusprig gebacken sein und innen einen flüssigen Kern haben.

3. Die Fondants am besten sofort servieren. Wer mag, kann sie auch mithilfe eines kleinen Messers vom Förmchenrand lösen, stürzen und auf Desserttellern anrichten.

TIPP

Experimentierfreudige tauschen zum Beispiel einfach das Mandelmus gegen Haselnussmus und nehmen gemahlene Haselnüsse anstelle der Mandeln oder probieren sich an ganz anderen Nusssorten.

WEIHNACHTLICHER Käsekuchen

ZUTATEN

FÜR 16 STÜCKE

Für den Boden

- 50 g Butter
- 80 g gemahlene Mandeln
- 50 g braunes Mandelmehl
- 2 EL Birkenzucker
- 1 Ei (Größe M), Salz
- ½ TL gemahlener Zimt

Für die Creme

- 3 Eier (Größe L)
- 100 g Birkenzucker
- 50 g Erythrit
- Salz
- ¼ TL gemahlener Zimt
- 300 g Magerquark

Für die Gewürzkirschen

- 200 g ungesüßte Kirschen (aus dem Glas mit Saft)
- ½ TL Stevia-Flüssigsüße
- ½ TL gemahlener Zimt
- Piment
- ½ TL Johannisbrotkernmehl

Außerdem

- Tortenring (ø 20 cm)

ZUBEREITUNG

1. Für den Boden zunächst die Butter in Stückchen teilen und mit den restlichen Zutaten rasch zu einem Teig verkneten. Zur Kugel formen und, in Frischhaltefolie gewickelt, etwa 30 Minuten in den Kühlschrank legen.

2. Für die Käsekuchencreme die Eier trennen. Birkenzucker und Erythrit im Mixer zu Puder mahlen. Eiweiße mit 1 Prise Salz und Birkenzucker zu Schnee schlagen. Eigelbe mit Erythrit hellcremig aufschlagen und Zimt untermischen. Zuerst den Quark, dann den Eischnee unterheben.

3. Den Ofen auf 160 °C (Umluft) vorheizen. Den Teig aus dem Kühlschrank holen und auf Backpapier rund ausrollen. Mit einem Tortenring auf die passende Größe ausstechen, überschüssigen Rand entfernen. Käsekuchencreme einfüllen und 40 Minuten backen. Den Ofen ausschalten und den Käsekuchen weitere 30 Minuten mit geschlossener Tür im Backofen stehen lassen. Dann herausholen und auf einem Kuchengitter vollständig auskühlen lassen. Der Kuchen wird nun stark einfallen.

4. Kirschen samt Saft in einen kleinen Topf geben. Mit Steviasüße nach Gusto süßen. Mit Zimt und 1 Prise Piment würzen. Aufkochen, 3 EL Kirschsaft abnehmen und in einem Schälchen mit Johannisbrotkernmehl glatt rühren, den Mix zurück zu den Kirschen geben, einrühren und kurz aufkochen. Warm oder abgekühlt zum Käsekuchen servieren.

KIRSCH-PFLAUMEN Crumble

ZUTATEN

FÜR 6 PORTIONEN

Für den Crumble-Teig

- 40 g Walnusskerne
- 70 g Dinkelmehl
- 50 g Vollrohrzucker
- 50 g Kokosöl
- ½ TL gemahlener Zimt

Für das Fruchtkompott

- 3 Pflaumen
- 12 Kirschen
- 2 EL Vollrohrzucker

Außerdem

- 6 ofenfeste Förmchen

ZUBEREITUNG

1. Den Ofen auf 180 °C (Ober-/Unterhitze) vorheizen. Die Walnüsse fein hacken und mit Dinkelmehl, Vollrohrzucker, Kokosöl sowie dem Zimt in einer Schüssel mischen. Den Teig zu einem Crumble zerbröseln.

2. Pflaumen und Kirschen waschen, die Pflaumen entkernen und achteln, die Kirschen entkernen und halbieren.

3. 200 ml Wasser mit dem Vollrohrzucker aufkochen lassen, die Früchte hinzufügen und 2 Minuten bei mittlerer Temperatur köcheln lassen. Dann das Obst mitsamt der Flüssigkeit auf die Förmchen verteilen und den Crumble gleichmäßig darüberstreuen. Die Desserts 15 Minuten im Ofen backen, bis der Crumble leicht Farbe annimmt. Noch heiß servieren.

TIPP

Dieses Crumble-Rezept funktioniert auch sehr gut mit anderen Früchten, zum Beispiel Äpfeln oder Birnen!

Cookie Dough
ZUM LÖFFELN

ZUTATEN

FÜR 4 PORTIONEN

- 50 g Butter
- 100 g Doppelrahm-Frischkäse
- 25 g Birkenzucker
- 50 g Erdnussmus
- ½ TL Vanilleextrakt
- ½ TL Guarkernmehl
- 15 g Mandelmehl
- 25 g Zartbitter-Schokodrops (mind. 70 % Kakao)

Außerdem

- 4 Gläser à 80 ml

ZUBEREITUNG

1. Die Butter cremig aufschlagen. Alle restlichen Zutaten zügig mit dem Teigschaber unterrühren.

2. Den Mix in 4 Gläser füllen und in den Kühlschrank stellen. Zusammen mit einem Löffel verschenken und endlich Kuchenteig ohne Reue genießen!

Joghurt-Labneh MIT HEISSEN HIMBEEREN

ZUTATEN

FÜR 4 PORTIONEN

- 800 g Joghurt
- Salz
- 4 EL Erythrit-Puderzucker
- abgeriebene Schale von 1 Bio-Limette
- 200 g TK-Himbeeren
- 15 g Birkenzucker
- 2 EL Mandelblättchen

ZUBEREITUNG

1. Ein feines Sieb mit einer Mullwindel oder 1–2 Lagen Küchenpapier auslegen. Joghurt mit 1 Prise Salz verrühren und hineinfüllen. Mit Folie abdecken, mit einem Teller beschweren und 24 Stunden im Kühlschrank abtropfen lassen.

2. Den Joghurt in eine Schale umfüllen, Erythrit-Puderzucker und Limettenschale einrühren.

3. Die Himbeeren auftauen lassen. Drei Viertel der Himbeeren mit etwas Wasser weich kochen und leicht zerdrücken. Den Birkenzucker hineinmischen. Restliche Himbeeren hinzugeben und erwärmen. Labneh auf vier Dessertteller verteilen und mit heißen Himbeeren servieren. Zum Schluss noch mit Mandelblättchen bestreuen.

Schokomousse
MIT FLEUR DE SEL

ZUTATEN

FÜR 6 PORTIONEN

- 150 g Zartbitterschokolade (mind. 70 % Kakao)
- 3 Eier (Größe M)
- Salz
- 2 TL Birkenzucker
- 200 g Sahne
- Fleur de Sel

ZUBEREITUNG

1. Schokolade hacken, über dem heißen Wasserbad schmelzen und abkühlen lassen. Eier trennen. Eiweiße mit 1 Prise Salz und dem Birkenzucker zu Schnee schlagen, dann kühlen. Die Eigelbe hellcremig und die Sahne steif schlagen.

2. Handwarme Schokolade mit dem Eigelb vermischen, erst die Sahne, dann den Eischnee unterheben. Die Mousse in 6 Gläser verteilen. Mindestens 4 Stunden, lieber über Nacht, kühlen. Vor dem Servieren noch mit etwas Fleur de Sel bestreuen.

Kirschauflauf

ZUTATEN

FÜR 4 PORTIONEN

- 25 g Mandelmehl
- 75 g Birkenzucker
- 5 g Proteinpulver
- 1 TL Guarkernmehl
- 2 Eier (Größe M)
- 500 g Joghurt
- 100 g ungesüßte Kirschen (aus dem Glas)
- Erythrit-Puderzucker zum Bestäuben

Außerdem

- ofenfeste Form (15 x 23 cm)

ZUBEREITUNG

1. Mandelmehl, Birkenzucker, Proteinpulver und Guarkernmehl mischen. Eier und Joghurt unterschlagen.

2. Den Ofen auf 160 °C (Umluft) vorheizen. Den Teig zur Hälfte in eine ofenfeste Form füllen. Von den Kirschen ein paar für die Deko zurückbehalten, den Rest darauf verteilen. Den restlichen Teig aufstreichen und mit übrigen Kirschen verzieren. Den Auflauf für etwa 30 Minuten backen, dann 10 Minuten im ausgeschalteten Ofen abkühlen lassen.

3. Vor dem Servieren nach Belieben noch mit etwas Erythrit-Puderzucker bestäuben.

Ricotta MIT WEIHNACHTLICHER Roter Grütze

ZUTATEN

FÜR 4 PORTIONEN

Für die Ricottacreme

- 3 EL Erythrit
- 200 g Magerquark
- 400 g Ricotta

Für die Rote Grütze

- 100 g Cranberrys (aufgetaut oder frisch)
- 300 g TK-Beerenmix
- 1 ½ TL Stevia-Flüssigsüße (nach Belieben)
- ½ Vanilleschote
- 2 Sternanis
- ½ TL gemahlener Ceylon-Zimt
- 1 TL Johannisbrotkernmehl

ZUBEREITUNG

1. Für die Ricottacreme Erythrit im Mixer zu Puderzucker mahlen. Mit Magerquark und Ricotta vermischen.

2. Für die Rote Grütze Cranberrys und Beerenmix in einen kleinen Topf geben. Mit Stevia nach Gusto süßen. Die Vanilleschote längs halbieren und das Mark ausschaben. Schote, Vanillemark, Sternanis und Zimt zu den Beeren geben und aufkochen. Johannisbrotkernmehl mit 3 EL Wasser glatt rühren. Unter den Beerenmix rühren und andicken lassen. 5 Minuten ziehen lassen, dann Vanilleschote und Sternanis entfernen. Abkühlen lassen.

3. Ricottacreme und Rote Grütze abwechselnd in 4 Dessertgläser schichten.

ORANGEN Tiramisu

ZUTATEN

FÜR 8 PORTIONEN

Für den Teig

- 4 Eier (Größe M)
- Salz
- 50 g Birkenzucker
- 100 g gemahlene Mandeln
- ½ TL Backpulver

Für die Creme

- 3 Eier (Größe M)
- 4 EL Birkenzucker
- 250 g Mascarpone

Außerdem

- 2 Orangen
- 30 ml Espresso
- 2 TL Backkakao zum Bestäuben
- ofenfeste Form (20 x 30 cm)

ZUBEREITUNG

1. Ofen auf 180 °C (Ober-/Unterhitze) vorheizen. Eier trennen. Eiweiße mit 1 Prise Salz und der Hälfte des Birkenzuckers aufschlagen. Eigelb mit restlichem Birkenzucker aufschlagen. Mandeln und Backpulver unterrühren. Eischnee unterheben. Eine ofenfeste Auflaufform mit Backpapier auslegen. Teig einfüllen und etwa 20 Minuten backen. Auf einem Gitter abkühlen lassen.

2. Für die Creme Eier trennen. Eiweiße mit 2 EL Birkenzucker zu Schnee schlagen. Eigelbe mit restlichem Birkenzucker sehr hellcremig aufschlagen. Mascarpone unterrühren. Eischnee unterheben.

3. Orangen schälen und in dünne Scheiben schneiden. Biskuit stürzen und, falls nötig, begradigen, dann längs halbieren. Backform säubern. Unteren Biskuit wieder in die Form legen. Espresso mit einem Pinsel aufstreichen. Die Hälfte der Orangenscheiben auflegen und mit der Hälfte der Creme bestreichen.

4. Zweiten Biskuit auflegen und ebenso mit Espresso bestreichen, mit übrigen Orangenscheiben belegen und restliche Creme aufstreichen. Abdecken und 4 Stunden kühlen. Vor dem Servieren mit Backkakao bestäuben.

Panna cotta
MIT CRANBERRYS

ZUTATEN

FÜR 6 PORTIONEN

Für die Panna cotta

- 3 ½ Blätter Gelatine
- 1 Vanilleschote
- 300 ml Milch
- 200 g Sahne
- 30 g Erythrit
- 30 g Birkenzucker
- 1 EL Zitronensaft

Für die Cranberry-Sauce

- 150 g Cranberrys (aufgetaut oder frisch)
- 30 g Erythrit
- ½ TL Johannisbrotkernmehl

Außerdem

- 6 kleine Zweige Rosmarin als Garnitur

ZUBEREITUNG

1. Gelatine in ausreichend kaltem Wasser einweichen. Vanilleschote längs halbieren und das Mark ausschaben. Milch, Sahne, Erythrit und Birkenzucker aufkochen. Die Gelatine ausdrücken, zusammen mit dem Zitronensaft untermischen und in der Sahne auflösen.

2. Panna cotta in 6 Dessertgläser füllen und mindestens 6 Stunden, besser über Nacht, im Kühlschrank kühlen.

3. Cranberrys mit Erythrit und 2 EL Wasser in einen Topf geben und weich kochen. Zerdrücken oder – wer es cremiger mag – pürieren. Mit Johannisbrotkernmehl andicken. Die Panna cotta mit Cranberry-Sauce und je 1 kleinen Rosmarinzweig garnieren.

PFLAUMEN Frozen-Joghurt

ZUTATEN

FÜR 8 PORTIONEN

- 500 g Joghurt
- 350 g Pflaumen
- 2 Eiweiß (Größe M)
- 50 g Birkenzucker
- 1 TL gemahlener Zimt
- Salz

Außerdem

- Eismaschine

ZUBEREITUNG

1. Die Eismaschine 24 Stunden vor der Nutzung in den Gefrierschrank stellen. Ein feines Sieb mit Küchenpapier oder einer Mullwindel auslegen. Auf einen Topf stellen, den Joghurt einfüllen und 8 Stunden abtropfen lassen.

2. Pflaumen waschen, entsteinen, 100 g fein würfeln, Rest im Mixer pürieren. Joghurt, Pflaumenpüree und -stückchen vermischen. Eiweiße mit Birkenzucker zu Eischnee schlagen, mit dem Zimt und 1 Prise Salz unterheben. Mix in eine Eismaschine füllen und etwa 45 Minuten gefrieren lassen.

3. In eine kleine Auflaufform mit Deckel o. Ä. füllen und vor dem Servieren idealerweise 1–2 Stunden nachfrosten lassen.

REGISTER

IMPRESSUM

Bibliografische Information der Deutschen Bibliothek.

Die Deutsche Bibliothek verzeichnet diese Publikation in der Deutschen Nationalbibliografie.

Detaillierte bibliografische Daten sind im Internet über http://www.dnb.de/ abrufbar.

Die im Buch veröffentlichten Aussagen und Ratschläge wurden von Verfasser und Verlag sorgfältig erarbeitet und geprüft. Eine Garantie für das Gelingen kann jedoch nicht übernommen werden, ebenso ist die Haftung des Verfassers bzw. des Verlags und seiner Beauftragten für Personen-, Sach- und Vermögensschäden ausgeschlossen.

Bei der Verwendung im Unterricht ist auf dieses Buch hinzuweisen.

EIN BUCH DER EDITION MICHAEL FISCHER

2. Auflage 2021

Grundlagentexte & Rezepte:

S. 8, 10/11, 15, 22, 24, 28, 30, 32, 33, 36, 38, 40, 42, 44, 46, 48, 50, 54, 56, 58, 60, 62, 66, 70, 72, 74, 76, 78, 82, 84, 88, 92, 94, 96, 100, 104, 108, 110, 112, 114, 116, 118, 120, 122: Maria Panzer; S. 8, 10/11, 14, 20, 26, 52, 64, 68, 80, 86, 90, 98, 102, 106: Alissa Poller; S. 12/13: Sara Plavic; S. 16/17: Jennifer Mönchmeier

Bildnachweis:

Cover/rechts unten, Cover/links oben: Sabrina Sue Daniels, Frankfurt am Main; S. 6/7: © nadianb/Shutterstock; S. 9: © B.G. Photography/Shutterstock; S. 11/oben: © seramo/Shutterstock; S. 11/Mitte: © SMarina/Shutterstock; S. 11/unten: © TatianaMishina/Shutterstock; S. 12/13: Sara Plavic; S. 14, 21, 27, 53, 65, 69, 81, 87, 91, 99, 103, 107: Eising Studio GmbH – FOOD & Video, München; S. 15/links: © AGfoto/Shutterstock; S. 15/rechts: © Flotsam/Shutterstock; S. 16/17: Jennifer Mönchmeier; S. 23, 25, 29, 31, 34/35, 37, 39, 41, 43, 45, 47, 49, 51, 55, 57, 59, 61, 63, 67, 71, 73, 75, 77, 79, 83, 85, 89, 93, 95, 97, 101, 105, 109, 111, 113, 115, 117, 119, 121, 123: Maria Panzer

Layoutelemente: © Ron Dale/Shutterstock; © deadpon3/Shutterstock; © Svetlana Kononova/Shutterstock; © Ann Muse/Shutterstock; © TatianaKost94/Shutterstock; © Anna Zasimova/Shutterstock; © Franzi/Shutterstock

Covergestaltung: Silvia Keller

Redaktion und Lektorat: Katharina Steffelmaier

Layout und Satz: Anna Obermüller

ISBN 978-3-7459-0622-6

Gedruckt bei Polygraf Print, Čapajevova 44, 08001 Prešov, Slowakei

www.emf-verlag.de